*Copyright © 2012, Editora WMF Martins Fontes Ltda.,*
*São Paulo, para a presente edição.*

**1.ª edição** 2012
**2.ª tiragem** 2014

**Tradução**
*Jair Barboza*
**Revisão da tradução**
*Karina Jannini*
**Acompanhamento editorial**
*Luzia Aparecida dos Santos*
**Revisões gráficas**
*Ana Maria de O. M. Barbosa*
*Renato da Rocha Carlos*
**Edição de arte**
*Casa Rex*
**Produção gráfica**
*Geraldo Alves*
**Paginação**
*Casa Rex*
**Capa**
*Casa Rex*

---

Dados Internacionais de Catalogação na Publicação (CIP)
(Câmara Brasileira do Livro, SP, Brasil)

---

Schopenhauer, Arthur, 1788-1860.
 Bastar a si mesmo / Arthur Schopenhauer ; fotos Pedro Marinho ; tradução Jair Barboza ; revisão da tradução Karina Jannini. – São Paulo : Editora WMF Martins Fontes, 2012. – (Coleção ideias vivas / idealizada e coordenada por Gustavo Piqueira)

 Título original: Epistulae Morales ad Lucilium.
 ISBN 978-85-7827-562-4

 1. Conduta de vida 2. Filosofia alemã 3. Schopenhauer, Arthur, 1788-1860 I. Piqueira, Gustavo. II. Marinho, Pedro. III. Título. IV. Série.

---

12-03027  CDD-193

**Índices para catálogo sistemático:**
1. Schopenhauer : Filosofia alemã  193
*Todos os direitos desta edição reservados à*

**Editora WMF Martins Fontes Ltda.**
*Rua Prof. Laerte Ramos de Carvalho, 133 01325.030 São Paulo SP Brasil*
*Tel. (11) 3293.8150 Fax (11) 3101.1042*
*e-mail: info@wmfmartinsfontes.com.br http://www.wmfmartinsfontes.com.br*

coleção idealizada e coordenada por **Gustavo Piqueira**

## SCHOPENHAUER Bastar a si mesmo
### fotos **Pedro Marinho**

tradução **Jair Barboza**

revisão da tradução **Karina Jannini**

são paulo 2014

Muitos vivem em demasia no
presente: são os levianos; outros
vivem em demasia no futuro:
são os medrosos e os preocupados.
É raro alguém manter com
exatidão a justa medida.

Assim como o trabalhador que ajuda a erguer um edifício não conhece o plano do conjunto ou não o tem sempre presente, o mesmo também se dá com o homem enquanto consome cada dia e cada hora de sua existência, em relação ao conjunto e ao caráter de sua vida. Quanto mais esse caráter for digno, significativo, sistemático e individual, tanto mais necessário e benéfico para ele será, de tempos em tempos, dar uma olhada em seu esboço reduzido, isto é, no plano de sua vida. Decerto, para isso, é preciso que ele tenha dado um pequeno passo no conhece-te a ti mesmo; portanto, precisa saber principalmente e antes de tudo o que em verdade quer. Em seguida, o que é essencial para a sua felicidade e o que vem em segundo e em terceiro lugar. Precisa também reconhecer em geral qual é a sua vocação, o seu papel e a sua relação com o mundo. Se tudo isso for significativo e grandioso, então o aspecto do plano de sua vida, em escala reduzida, torná-lo-á, mais do que qualquer outra coisa, forte, seguro, altivo, encorajando-o à atividade e desviando-o de sendas perdidas.

Assim como o andarilho precisa subir num cume para ter uma visão panorâmica do caminho percorrido e reconhecê-lo como um conjunto, com todas as suas voltas e tortuosidades, nós também só reconhecemos a verdadeira concatenação de nossas ações, realizações e obras, a sua coerência precisa e seu encadeamento, além de seu valor, ao final de um período de nossa vida ou até mesmo da vida inteira. Pois, enquanto tudo isso nos ocupa, agimos apenas segundo as qualidades fixas de nosso caráter, sob a influência dos motivos e segundo a medida de nossas capacidades, isto é, sempre com necessidade absoluta, já que, em cada situação, fazemos simplesmente o que, naquele momento, parece-nos justo e apropriado. Só o resultado nos mostrará o que adveio de tudo isso, e só o olhar lançado para trás sobre o conjunto nos mostrará o como e o modo pelo qual. Da mesma maneira, também quando levamos a cabo os maiores feitos ou concebemos obras imortais, não estamos conscientes deles como tais, mas tão somente como apropriados aos nossos objetivos presentes e correspondendo às nossas intenções momentâneas, sendo, portanto, a coisa certa a ser feita. Só mais tarde, a partir da concatenação do conjunto, é que o nosso caráter e as nossas capacidades aparecem em plena luz. Em detalhes vemos, então, como tomamos o único caminho correto no meio de milhares de desvios, como se isso tivesse acontecido por inspiração, guiados pelo nosso *genius*. O que foi dito aqui se aplica tanto às coisas teóricas quanto às práticas e, em sentido inverso, às ruins e erradas.

Um ponto importante da sabedoria de vida consiste na proporção correta com a qual dedicamos nossa atenção em parte ao presente, em parte ao futuro, para que um não estrague o outro. Muitos vivem em demasia no presente: são os levianos; outros vivem em demasia no futuro: são os medrosos e os preocupados. É raro alguém manter com exatidão a justa medida. Aqueles que, por intermédio de esforços e esperanças, vivem apenas no futuro e olham sempre para a frente, indo impacientes ao encontro das coisas que hão de vir, como se estas fossem portadoras da felicidade verdadeira, deixando entrementes de observar e desfrutar o presente, são, apesar de seus ares petulantes, comparáveis àqueles asnos da Itália, cujos passos são apressados por um feixe de feno que, preso por um bastão, pende diante de sua cabeça. Desse modo, os asnos veem sempre o feixe de feno bem próximo, diante de si, e esperam sempre

Mas vamos vi
belos dias, sen
só quando che
é que os dese

vendo nossos percebê-los; gam os ruins amos de volta.

alcançá-lo. Tais indivíduos enganam a si mesmos em relação a toda a sua existência, na medida em que vivem apenas *ad interim* [interinamente], até morrer. Portanto, em vez de estarmos sempre e exclusivamente ocupados com planos e cuidados para o futuro, ou de nos entregarmos à nostalgia do passado, nunca deveríamos nos esquecer de que só o presente é real e certo; o futuro, ao contrário, apresenta-se quase sempre diverso daquilo que pensávamos. O passado também era diferente, de modo que, no todo, ambos têm menor importância do que parecem. Pois a distância, que diminui os objetos para o olho, engrandece-os para o pensamento. Só o presente é verdadeiro e real; ele é o tempo realmente preenchido e é nele que repousa exclusivamente a nossa existência. Dessa forma, deveríamos sempre dedicar-lhe uma acolhida jovial e fruir com consciência cada hora suportável e livre de contrariedades ou dores, ou seja, não turvá-la com feições carrancudas acerca de esperanças malogradas no passado ou com ansiedades pelo futuro. Pois é inteiramente insensato repelir uma boa hora presente, ou estragá-la de propósito, por conta de desgostos do passado ou ansiedades em relação ao porvir. Que seja dedicado um tempo determinado à preocupação, sim, até mesmo ao arrependimento; depois, no entanto, deve-se pensar nos seguintes termos sobre o já acontecido:

> MAS, POR MAIS QUE ISSO NOS CONTRARIE, ABANDONEMOS O ACONTECIDO
> E, POR MAIS DIFÍCIL QUE SEJA, DOMEMOS A CÓLERA EM NOSSO CORAÇÃO.
> 
> (Homero, *Ilíada*, XVII, 112-3)

E sobre o futuro:

Isso repousa no colo dos deuses.

(Homero, *Ilíada*, XVII, 514; *Odisseia*, I, 267)

Mas, quanto ao presente: *Singulas dies singulas vitas puta* [Vê cada dia como uma vida própria] (Sêneca, *Epíst.*, 101, 10) e torna esse único tempo real o mais agradável possível.

Os únicos males futuros que encontram justificativa para nos inquietar são aqueles cuja aparição e o momento da aparição são certos. Mas estes são muito poucos, pois os males ou são meramente possíveis, quando muito verossímeis, ou são certos, mas seu momento de aparição é completamente incerto. Ora, se nos deixarmos enredar por essas duas espécies, então não teremos mais nenhum instante de paz. Portanto, para não perdermos a tranquilidade de nossa vida em virtude de males incertos ou indeterminados, temos de nos acostumar a ver os primeiros como se nunca fossem chegar, os outros, como se certamente não fossem chegar tão depressa.

Entretanto, quanto menos o indivíduo é incomodado pelo temor, tanto mais ele é inquietado por desejos, cobiças e pretensões. A tão apreciada canção de Goethe, *ich hab' mein' Sach auf nichts gestellt (Vanitas! Vanitatum vanitas!)* [em nada coloquei minhas esperanças], significa propriamente: só depois de o homem ter abdicado de todas as pretensões possíveis e de ter ficado reduzido à existência nua e crua é que se tornará partícipe daquela tranquilidade espiritual que constitui o fundamento da felicidade humana. Tranquilidade que é indispensável para fruirmos o tempo presente e, com ele, a vida na sua completude. Justamente com esse intento, devemos estar sempre conscientes de que o dia de hoje vem uma só vez e nunca mais. No entanto, presumimos que ele retornará amanhã; mas amanhã é outro dia, que também vem uma só vez. Esquecemos que cada dia é uma parte integrante e, portanto, insubstituível da vida, e o consideramos antes como contido nela, do mesmo modo como os indivíduos estão contidos num conceito de conjunto. Também apreciaríamos e fruiríamos melhor o presente se, em dias de bem-estar e saúde, sempre estivéssemos conscientes de quanto, nas doenças e aflições, a lembrança nos exibe cada hora sem dor e sem privação como infinitamente invejável, como um paraíso perdido, como um amigo que não soubemos reconhecer. Mas vamos vivendo nossos belos dias, sem percebê-los; só quando chegam os ruins é que os desejamos de volta. Milhares de horas serenas e agradáveis deixamos passar por nós, sem fruí-las e mostrando má vontade, para depois, em tempos sombrios, dirigirmos em vão o nosso anelo para elas. Em vez disso, deveríamos render homenagens a todo momento presente suportável, mesmo o mais ordinário, que tão indiferentes deixamos passar e que até mesmo, impacientes, afastamos. Devemos ter sempre em mente que tais momentos precipitam-se nesse mesmo instante naquela apoteose do passado, na qual, a partir de então, radiantes em virtude da luz da imperecibilidade, são conservados pela memória, para, especialmente nas horas ruins, quando ela ergue a cortina, exporem-se como objeto do nosso anelo mais íntimo.

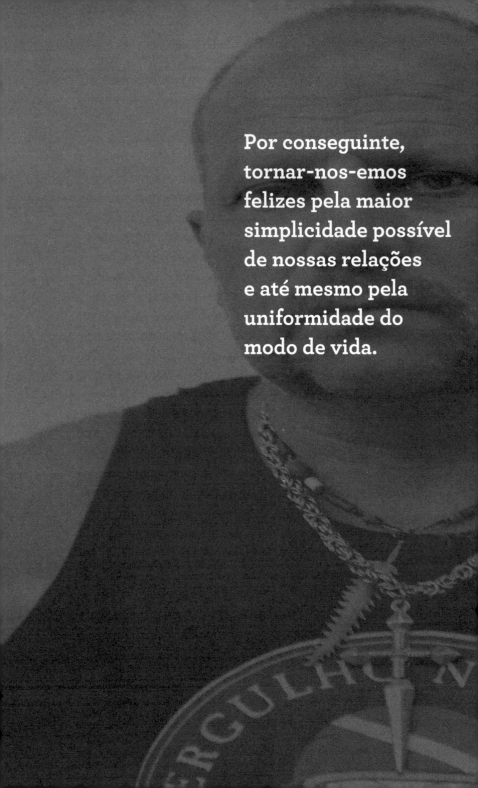

Por conseguinte, tornar-nos-emos felizes pela maior simplicidade possível de nossas relações e até mesmo pela uniformidade do modo de vida.

## Toda limitação torna feliz.

Quanto mais restrito o nosso círculo de visão, ação e contato, tanto mais felizes seremos; e, quanto mais amplo, tanto mais frequentemente nos sentiremos atormentados ou angustiados, pois, com essa ampliação, multiplicam-se e aumentam as preocupações, os desejos e os temores. Por isso, até os cegos não são tão infelizes como devem nos parecer *a priori*: é o que atesta a calma afável, quase sempre jovial em seus traços fisionômicos. Também, em parte, baseia-se nessa regra o fato de que a segunda metade da vida é mais triste do que a primeira. Pois, no decurso da vida, o horizonte de nossas aspirações e relações aumenta cada vez mais. Na infância, limita-se à cercania mais próxima e às relações mais estreitas; na juventude, amplia-se significativamente; na idade viril, abrange todo o nosso decurso de vida e com frequência estende-se às relações mais remotas, aos Estados e povos. Na velhice, abarca as gerações vindouras. Por outro lado, toda limitação, até mesmo a intelectual, é favorável à nossa felicidade. Pois quanto menos estímulo para a vontade, tanto menos sofrimento. E sabemos que o sofrimento é algo positivo, e a felicidade, ao contrário, meramente negativa. A limitação do círculo de ação retira à vontade as ocasiões exteriores de estímulo; a limitação do espírito, as interiores. Todavia, esta última tem a desvantagem de abrir as portas ao tédio, que indiretamente se torna fonte de inumeráveis sofrimentos, já que, para bani-lo, recorre-se a tudo: distrações, companhia, luxo, jogos, bebida etc., que acabam atraindo danos, ruína e desgraças de todo tipo. *Difficilis in otio quies* [Difícil é a serenidade no ócio]. Por outro lado, vê-se quanto a limitação *exterior* é bastante favorável e mesmo necessária à felicidade humana (até onde esta for possível) no fato de o único gênero poético que se ocupa com a descrição de pessoas felizes, o idílio, apresentá-las invariável e essencialmente em condições e ambientes bastante limitados. Esse mesmo sentimento está também na raiz da nossa satisfação com as chamadas pinturas de gênero. Por conseguinte, tornar-nos-emos felizes pela maior *simplicidade* possível de nossas relações e até mesmo pela *uniformidade* do modo de vida, enquanto esta não produzir tédio; porque assim sentiremos a própria vida e, portanto, o seu fardo essencial, da maneira mais leve possível: ela escoará como um regato sem ondas ou redemoinhos.

O que, em última instância, importa para o nosso bem-estar é aquilo que preenche e ocupa a consciência. No geral, toda ocupação puramente intelectual proporcionará, ao espírito capaz de executá-la, muito mais do que a vida real com suas alternâncias constantes entre sucesso e fracasso, acompanhados de abalos e tormentos. Decerto, no entanto, para tal ocupação já são exigidas disposições intelectuais preponderantes. Além disso, deve-se observar que, assim como a vida ativa voltada para o exterior nos distrai e desvia dos estudos, retirando do espírito a tranquilidade e a concentração necessárias, a ocupação espiritual incessante também nos torna mais ou menos inaptos para as agitações e tumultos da vida real. Dessa maneira, é aconselhável suspender inteiramente tal ocupação por algum tempo, quando surgirem circunstâncias que exijam de algum modo uma atividade prática e enérgica.

Para viver com perfeita *clareza* *de consciência* e extrair da própria experiência toda instrução nela contida, é necessário pensar muito no passado e recapitular o que se vivenciou, fez, experimentou e, ao mesmo tempo, sentiu, e comparar o juízo de outrora com o atual, os projetos e as aspirações com o sucesso e a satisfação deles resultantes. É a repetição das aulas particulares que a experiência deu a cada um. Nossa experiência pessoal também pode ser vista como um texto, do qual a reflexão e o conhecimento são o comentário. Muita reflexão e conhecimento acompanhados de pouca experiência assemelham-se àquelas edições cujas páginas apresentam duas linhas de texto e quarenta de comentário. Muita experiência acompanhada de pouca reflexão e escasso conhecimento assemelha-se àquelas edições bipontinas, sem notas, que deixam muitas coisas incompreensíveis.

A regra de Pitágoras, de que toda noite, antes de dormir, devemos passar em revista o que fizemos durante o dia, está de acordo com a recomendação aqui dada. Quem vive no tumulto dos negócios ou dos prazeres sem ruminar o seu passado, só desnovelando a própria vida, perde a clareza de consciência. Sua mente torna-se um caos, e em seus pensamentos penetra uma certa confusão, testemunhada por uma conversação abrupta, fragmentária e, por assim dizer, picotada. Tal condição será tanto mais pronunciada quanto maior for a intranquilidade exterior e a quantidade das impressões, e menor a atividade interna do espírito.

Deve-se observar aqui que, após longo tempo e depois de terem desaparecido as relações e os ambientes que atuaram sobre nós, não conseguimos evocar nem renovar a disposição e a sensação outrora provocadas por eles; todavia, podemos muito bem recordar-nos das *manifestações* provocadas por eles na ocasião. Estas são seu resultado, sua expressão e sua medida. Desse modo, a memória ou o papel deveriam conservar cuidadosamente os momentos importantes da vida. Para tal fim, os diários são bastante úteis.

# Bastar-se a si mesmo;

ser tudo em tudo para si, e poder dizer *omnia mea mecum porto* [trago todas as minhas posses comigo] (cf. Cícero, *Paradoxa*, I, I, 8, e Sêneca, *Epistulae*, IX, 18), é decerto a qualidade mais favorável para a nossa felicidade. Sendo assim, nunca é demais repetir a máxima de Aristóteles: *Felicitas sibi sufficientium est* [A felicidade pertence àqueles que bastam a si mesmos] (*Ét a Eud.*, 7, 2). (No fundo, esse é também o pensamento expresso de maneira refinada na sentença de Chamfort, que serve de mote para este ensaio.) Pois, por um lado, a única pessoa com quem podemos contar com segurança somos nós mesmos e, por outro, os incômodos e as desvantagens, os perigos e os desgostos que a sociedade traz consigo são inúmeros e inevitáveis.

Nenhum caminho é mais errado para a felicidade do que a vida no grande mundo, às fartas e em festanças (*high life*), pois, quando tentamos transformar nossa miserável existência numa sucessão de alegrias, gozos e prazeres, não conseguimos evitar a desilusão; muito menos o seu acompanhamento obrigatório, que são as mentiras recíprocas. Antes de mais nada, toda sociedade exige necessariamente uma acomodação mútua e uma temperatura; por conseguinte, quanto mais numerosa, tanto mais enfadonha será. Cada um só pode *ser ele mesmo*, inteiramente, apenas pelo tempo em que estiver sozinho. Quem, portanto, não ama a solidão, também não ama a liberdade: apenas quando se está só é que se está livre. A coerção é a companheira inseparável de toda sociedade, que ainda exige sacrifícios tão mais difíceis quanto mais significativa for a própria individualidade. Dessa forma, cada um fugirá, suportará ou amará a solidão na proporção exata do valor de sua personalidade. Pois, na solidão, o indivíduo mesquinho sente toda a sua mesquinhez, o grande espírito, toda a sua grandeza; numa palavra: cada um sente o que é. Ademais, quanto mais elevada for a posição de uma pessoa na escala hierárquica da natureza, tanto mais solitária será, essencial e inevitavelmente. Assim, é um benefício para ela se à solidão física corresponder a intelectual. Caso contrário, a vizinhança frequente de seres heterogêneos causa um efeito incômodo e até mesmo adverso sobre ela, ao roubar-lhe o seu "eu" sem nada lhe oferecer em troca. Além disso, enquanto a natureza estabeleceu entre os homens a mais ampla diversidade nos domínios moral e intelectual, a sociedade, não tomando conhecimento disso, iguala todos os seres ou, antes, coloca no lugar da diversidade as diferenças e degraus artificiais de classe e posição, com frequência diametralmente opostos à escala hierárquica da natureza. Nesse arranjo, aqueles que a natureza situou embaixo encontram-se em ótima situação; os poucos, entretanto, que ela colocou em cima, saem em desvantagem. Como consequência, estes costumam esquivar-se da sociedade, na qual, ao tornar-se numerosa, a vulgaridade domina. O que em sociedade desagrada aos grandes espíritos é a igualdade de direitos e, portanto, de pretensões, em face da desigualdade de capacidades, de realizações (sociais) dos outros. A chamada boa sociedade admite méritos de todo tipo, menos os intelectuais: estes chegam a ser contrabando. Ela nos obriga a demonstrar uma paciência sem limites com qualquer insensatez, loucura, absurdo, obtusidade. Por outro lado, os méritos pessoais devem mendigar perdão ou se ocultar, pois a superioridade intelectual, sem interferência nenhuma da vontade, fere por sua mera existência. Eis por que a sociedade, chamada de boa, tem não só a desvantagem de pôr-nos em contato com homens que não podemos louvar nem amar, mas também a de não permitir que sejamos nós mesmos, tal qual é conveniente à nossa natureza. Antes, nos obriga, por conta do uníssono com os demais, a encolhermo-nos ou mesmo a desfigurarmo-nos. Discursos ou ideias espirituosas só têm sentido perante uma sociedade igualmente rica de espírito. Na sociedade ordinária são francamente odiados; para serem admirados nela, precisam ser totalmente triviais e limitados. Nessa sociedade, por conseguinte, temos de renunciar, com difícil autoabnegação, a 3/4 de nós mesmos, a fim de nos parecermos com os demais. Em compensação, temos obviamente os outros, mas quanto mais uma pessoa possui valor próprio, tanto mais achará que o ganho não cobre a perda e que o negócio redunda em prejuízo. Porque as pessoas, via de regra, são insolventes, isto é, nada há em seu convívio que indenize o tédio, as fadigas e incômodos que provocam, nem a autoabnegação que impõem. Por isso, quase toda sociedade é constituída de tal modo, que quem a troca pela solidão faz um bom negócio. Ajunte-se a isso o fato de que a sociedade, a fim de substituir a autêntica superioridade, isto é, a do espírito, que ela não suporta e que é também difícil de encontrar, adotou sem mais nem menos uma superioridade falsa, convencional, baseada em normas arbitrárias, propagando-se pela tradição entre as classes elevadas e alterando-se como se alteram as palavras de ordem. É o chamado bom-tom, *bon ton*, *fashionableness*. Quando, entretanto, tal superioridade entra em colisão com a genuína, a primeira acaba mostrando a sua fraqueza. Além disso, *quand le bon ton arrive, le bon sens se retire* [quando chega o bom-tom, retira-se o bom-senso].

No entanto, cada um, em geral, só pode estar em *uníssono perfeito* consigo mesmo, não com o amigo ou a amada, pois as diferenças de individualidade e disposição conduzem sempre a uma dissonância, mesmo que leve. Por conseguinte, a paz verdadeira e profunda do coração e a perfeita tranquilidade mental, esses bens supremos na terra depois da saúde, são encontráveis unicamente na solidão e, como disposição duradoura, só no mais profundo retraimento. Quando o próprio eu é grande e rico, frui-se, então, o estado mais feliz que se pode encontrar sobre esta pobre terra. Sim, digamos sinceramente: por mais que a amizade, o amor e o casamento unam as pessoas, no fim, cada um é *inteiramente sincero* apenas consigo mesmo e, quando muito, com o próprio filho. Quanto menos alguém, em virtude de condições objetivas ou subjetivas, tiver necessidade de entrar em contato com os homens, tanto melhor. Se a *solidão* e o ermo não deixam sentir a um só tempo todos os seus males, pelo menos permitem abarcá-los com um só olhar. A sociedade, ao contrário, é *insidiosa*: oculta males enormes, com frequência incuráveis, por trás da aparência dos passatempos, das conversas, dos divertimentos sociais e coisas semelhantes. Um dos principais estudos da juventude deveria ser o de *aprender a suportar a solidão*, porque esta é uma fonte de felicidade, de tranquilidade de ânimo. De tudo o que se acabou de expor, resulta que aquele que dependeu apenas de si mesmo e pode, em tudo, ser tudo para si, é o que se encontra em melhor situação. Cícero diz: *Nemo potest non beatissimus esse, qui est totus aptus ex sese, quique in se uno ponit omnia* [Quem depende apenas de si e em si mesmo coloca tudo tem de ser bastante feliz] (*Paradox.* II). Além disso, quanto mais uma pessoa tem em si, tanto menos os outros podem ser alguma coisa para ela. Um certo sentimento de autossuficiência é o que impede os indivíduos de riqueza e valor intrínseco de fazerem os sacrifícios importantes, exigidos pela vida em comum com os outros, para não falar em procurá-la às custas de uma considerável autoabnegação. O oposto disso é o que torna os indivíduos comuns tão sociáveis e acomodáveis: para eles, é mais fácil suportar os outros do que eles mesmos. Acrescente-se a isso que aquilo que possui um valor real não é apreciado no mundo, e aquilo que é apreciado não tem valor. A prova e a consequência disso estão no retraimento de todo homem digno e distinto. Assim sendo, será genuína sabedoria de vida de quem possui algo de justo em si mesmo, se, em caso de necessidade, souber limitar as próprias carências, a fim de preservar ou ampliar a sua liberdade, isto é, se souber contentar-se com o menos possível para sua pessoa nas relações inevitáveis com o universo humano.

Por outro lado, o que faz dos homens seres sociáveis é a sua incapacidade de suportar a solidão e, nesta, a si mesmos. Vazio interior e fastio: eis o que os impele tanto para a sociedade quanto para os lugares exóticos e as viagens. Seu espírito carece de força impulsora própria para conferir movimento a si mesmo, o que faz com que procurem intensificá-la mediante o vinho. E muitos, ao tomar este caminho, tornam-se alcoólatras. Justamente por isso, os homens precisam sempre de estímulo exterior, e do mais forte, ou seja, dos seus iguais. Sem ele, o seu espírito decai sob o próprio peso, prostrando-se numa letargia esmagadora. Poder-se-ia igualmente dizer que cada homem é apenas uma pequena fração da ideia de humanidade, e assim precisa ser complementado em muito pelos outros para poder constituir, em certa medida, uma consciência humana plena. Ao contrário, aquele que é um homem completo, um homem *par excellence*, expõe uma unidade, não uma fração; por conseguinte, tem o suficiente em si mesmo. Nesse sentido, pode-se comparar a sociedade ordinária com aquela música russa, executada por trompas, na qual cada uma emite uma nota só, e apenas por meio de sua coincidência exata é que surge a melodia. De fato, a sensibilidade e o espírito da maior parte dos homens são tão monótonos quanto aquelas trompas de uma nota só. Muitos deles dão a aparência de ter tido sempre um único e mesmo pensamento, como se fossem incapazes de produzir qualquer outro. Isso explica não apenas por que tais homens são tão tediosos, mas também por que são tão sociáveis e por que preferem andar em bandos: *The gregariousness of mankind* [O gregarismo da humanidade]. A monotonia de seu próprio ser os torna insuportáveis para si mesmos: *Omnis stultitia laborat fastidio sui* [Toda estultice sofre de seu próprio fastio]. Apenas juntos e pela sua união é que constituem alguma coisa,

Muita reflexão e conhecimento acompanhados de pouca experiência assemelham-se àquelas edições cujas páginas apresentam duas linhas de texto e quarenta de comentário. Muita experiência acompanhada de pouca reflexão e escasso conhecimento assemelha-se àquelas edições bipontinas, sem notas, que deixam muitas coisas incompreensíveis.

como aqueles tocadores de trompa. O homem inteligente, ao contrário, é comparável a um virtuose que executa *sozinho* o seu concerto, ou ao piano. Assim como este é para si mesmo uma pequena orquestra, o homem inteligente é um pequeno mundo, e o que os outros conseguem ser apenas por intermédio de uma atividade de conjunto, ele o expõe na unidade de uma consciência única. Como o piano, não é uma parte da sinfonia, mas está talhado para o solo e a solidão. Se deve atuar em conjunto, então só o pode fazer como voz principal com acompanhamento, como o piano, ou dando o tom, na música vocal, como esse instrumento. Quem, todavia, ama estar entre outras pessoas, pode abstrair dessa comparação a seguinte regra: o que falta em qualidade às pessoas do seu convívio tem de ser suprido, em certa medida, pela quantidade. O convívio com um único homem inteligente é suficientemente recompensador, mas, se o que se encontra são apenas tipos ordinários, então faz bem ter uma profusão deles, para que a variedade e a atuação em conjunto produzam algum efeito, por analogia com a mencionada música de trompas: e que o céu lhe conceda paciência!

Mas pode-se ainda atribuir ao vazio interior e à frivolidade dos homens o fato de que, caso indivíduos de natureza melhor formem uma associação visando a um fim nobre e ideal, o resultado quase sempre será este: daquela *plebs* [grande multidão] humana que, em quantidade inumerável, parecida a parasitas, pulula e invade tudo em todo lugar e está sempre pronta a se apoderar de tudo, sem distinção, para assim derrotar o próprio tédio ou, em outras circunstâncias, a própria indigência – dessa plebe, como eu ia dizer, há alguns indivíduos que se insinuarão ou se infiltrarão naquela associação e, depois, ou destruirão todo o empreendimento ou o modificarão de tal forma, que ele se tornará o oposto do que foi projetado originariamente.

De resto, a sociabilidade também pode ser considerada como um mútuo aquecimento intelectual dos homens, parecido ao produzido corporalmente quando, em ocasião de frio intenso, eles se juntam bem perto uns dos outros. Mas quem tem bastante calor intelectual em si não precisa de tal agrupamento. No último capítulo do segundo volume desta obra o leitor encontrará uma fábula imaginada por mim sobre esse assunto. O resultado do que foi exposto aqui é o seguinte: a sociabilidade de cada um está quase na proporção inversa do seu valor intelectual. Dizer "ele é bastante insociável" quase significa dizer "ele é um homem de grandes qualidades".

A solidão concede ao homem intelectualmente superior uma vantagem dupla: primeiro, a de estar só consigo mesmo; segundo, a de não estar com os outros. Esta última será altamente apreciada se pensarmos em quanta coerção, quanto dano e até mesmo quanto perigo toda convivência social traz consigo. *Tout notre mal vient de ne pouvoir être seuls* [Todo o nosso mal provém de não podermos estar a sós], diz La Bruyère [*Les caractères*, chap. de l'homme]. A *sociabilidade* é uma das inclinações mais perigosas e perversas, pois nos põe em contato com seres cuja maioria é moralmente ruim e intelectualmente obtusa ou invertida. O insociável é alguém que não precisa deles. Desse modo, ter em si mesmo o bastante para não precisar da sociedade já é uma grande felicidade, porque quase todo sofrimento provém justamente da sociedade, e a tranquilidade espiritual, que, depois da saúde, constitui o elemento mais essencial de nossa felicidade, é ameaçada por ela e, portanto, não pode subsistir sem uma dose significativa de solidão. Os filósofos cínicos renunciavam a toda posse para usufruir a felicidade conferida pela tranquilidade intelectual. Quem renunciar à sociedade com a mesma intenção terá escolhido o mais sábio dos caminhos. Pois, como diz de modo justo e belo Bernardin de St. Pierre: *La diète des aliments nous rend la santé du corps, et celle des hommes la tranquillité de l'âme* [A dieta dos alimentos nos restitui a saúde do corpo, e a dieta dos homens a tranquilidade da alma]. Desse modo, quem cedo se torna amigo da solidão e acaba se afeiçoando a ela descobriu uma mina de ouro. Mas nem todos são capazes disso. Pois, assim como a necessidade reúne os homens espontaneamente, o tédio faz o mesmo depois que ela é removida. Sem ambos, provavelmente cada um ficaria sozinho; inicialmente porque só na solidão o ambiente que nos cerca corresponde à importância exclusiva, à singularidade que cada um tem aos próprios olhos, mas que a agitação do mundo reduz a nada, visto que cada passo lhe fornece um doloroso *démenti* [desmentido doloroso]. Nesse sentido, a solidão é de fato o estado natural de cada um: ela o reinstala, como novo Adão, na felicidade primitiva e adequada à sua natureza.

Ah, mas Adão não teve pai nem mãe! Consequentemente, num outro sentido, a solidão não é natural ao homem. Quando chega ao mundo, ele não está sozinho, mas entre pais e irmãos, portanto em comunidade. Logo, o amor à solidão não pode existir como tendência primitiva, mas nasce apenas como resultado da experiência e da reflexão, dando-se conforme o desenvolvimento da própria força intelectual e concomitantemente ao avanço da idade. Disso resulta, de modo geral, que o instinto de sociabilidade de cada um está na proporção inversa da sua idade. A criancinha solta gritos de medo e dor, lamentando ter sido deixada sozinha por alguns minutos. Para jovens rapazes, estar sozinho é uma grande penitência. Os adolescentes reúnem-se com facilidade: só os mais nobres e mais dotados de espírito já procuram, às vezes, a solidão. Contudo, passar um dia inteiro sozinhos ainda lhes é penoso. Para o homem adulto, todavia, isso é fácil: ele consegue passar bastante tempo sozinho, e tanto mais quanto mais avança nos anos. O ancião, único sobrevivente de gerações desaparecidas, encontra na solidão o seu elemento próprio, em parte porque já ultrapassou a idade de sentir os prazeres da vida, em parte porque já está morto para eles. Entretanto, em cada indivíduo, o aumento da inclinação para o isolamento e a solidão ocorrerá em conformidade com o seu valor intelectual. Pois tal tendência, como dito, não é puramente natural, produzida diretamente pela necessidade, mas, antes, só um efeito da experiência vivida e da reflexão sobre ela, sobretudo da intelecção adquirida a respeito da miserável índole moral e intelectual da maioria dos homens. O que há de pior nesse caso é o fato de as imperfeições morais e intelectuais do indivíduo conspirarem entre si e trabalharem de mãos dadas, donde resultam os fenômenos mais repulsivos, que tornam o convívio com a maioria dos homens insuportável. E eis por que, embora haja muita coisa ruim neste mundo, a pior delas ainda é a sociedade. O próprio Voltaire, o sociável francês, teve de dizer: *La terre est couverte de gens qui ne méritent pas qu'on leur parle* [A terra está coberta de pessoas que não merecem que se lhes fale] (Lettre à M. le Cardinal de Bernis, 21/6/1762). O terno Petrarca, que amou tão intensa e constantemente a solidão, também fornece o mesmo motivo para essa inclinação:

SEMPRE PROCUREI UMA VIDA SOLITÁRIA
(OS RIOS BEM O SABEM, E OS CAMPOS, E OS BOSQUES),
PARA FUGIR DOS ESPÍRITOS DISFORMES E EMBOTADOS,
QUE PERDERAM O CAMINHO DO CÉU.

(*Il Canzoniere*, soneto 221)

Ele desenvolve o mesmo assunto em seu belo livro *De vita solitaria*, que parece ter sido o modelo para Zimmermann na sua famosa obra sobre a solidão. Justamente essa origem meramente secundária e indireta da insociabilidade é expressa por Chamfort, à sua maneira sarcástica, quando diz: *On dit quelquefois d'un homme qui vit seul, il n'aime pas la société. C'est souvent comme si on disait d'un homme, qu' il n'aime pas la promenade, sous le prétexte qu' il ne se promène pas volontiers le soir dans la forêt de Bondy* [Às vezes, diz-se de um homem que vive sozinho que ele não ama a sociedade. Amiúde é como se se dissesse de um homem que ele não gosta de passear só porque não passeia de bom grado, à noite, na floresta de Bondy] (*Maximes et pensées*, chap. IV). Mas também o afável e cristão Angelus Silesius, na sua linguagem peculiar e mística, diz o mesmo:

HERODES É UM INIMIGO; JOSÉ, O ENTENDIMENTO,
A ESTE DEUS REVELA EM SONHO (NO ESPÍRITO) O PERIGO.
O MUNDO É BELÉM, O EGITO, A *SOLIDÃO*:
FOGE, MINHA ALMA! FOGE, SENÃO MORRES NO PADECIMENTO.

(*Der Cherubinische Wandersmann*
[*O viajante querubínico*], livro 3, nº 241)

No mesmo sentido, exprime-se Giordano Bruno (*Opera*, ed. Wagner, II, 408): *Tanti uomini, che in terra hanno voluto gustare vita celeste, dissero con una voce: "Ecce elongavi fugiens, et mansi in solitudine"* [Tantos homens, que na terra quise-

ram provar a vida celeste, disseram numa só voz: "Vede, afastei-me fugindo e permaneci na solidão"]. No mesmo sentido, Sadi, o Persa, diz no *Gulistan*: "Cansado de meus amigos em Damasco, retirei-me para o deserto próximo a Jerusalém, para procurar a companhia dos animais." Em suma, todos aqueles que Prometeu modelou com a melhor argila, exprimiram-se no mesmo sentido (cf. Juvenal, *Sát.*, 14, 34). Que prazer lhes pode fornecer o convívio com seres com os quais só podem travar relações por intermédio do que há de mais baixo e menos nobre na natureza humana, ou seja, o banal, o trivial e o comum? Esses seres formam uma comunidade e, como não podem elevar-se à altura dos primeiros, só lhes resta – e essa é a sua única ambição – rebaixá-los ao seu nível. Assim, é um sentimento aristocrático aquele que alimenta a tendência para o retraimento e a solidão. Todos os velhacos são sociáveis; quão lastimável! Em contrapartida, percebemos que um homem é de estirpe nobre quando mostra, antes de tudo, que não prova satisfação em estar com os outros, mas prefere cada vez mais a solidão à sociedade, para então chegar gradualmente, com o passar dos anos, à intelecção de que, salvo raras exceções, no mundo há apenas uma escolha: aquela entre a solidão e a vulgaridade. Até Angelus Silesius, apesar de sua benevolência e de seu amor cristãos, não pôde deixar de exprimir o mesmo:

A SOLIDÃO É PENOSA: NO ENTANTO, EVITA SER VULGAR;
EM TODA PARTE PODES ESTAR NUM DESERTO.
(Livro 2, nº 117)

No que concerne aos grandes espíritos, é muito natural que esses autênticos educadores de todo o gênero humano sintam pouca inclinação a entrar em contato frequente com as demais pessoas (como os pedagogos, que não se imiscuem nos jogos ruidosos do bando de crianças ao seu redor). Pois, tendo nascido para conduzir a humanidade por sobre o mar de seus erros, em direção à verdade, para resgatá-la do abismo obscuro de sua rudeza e vulgaridade, para elevá-la à luz, à formação cultural e ao aperfeiçoamento, eles precisam, é verdade, viver entre os homens, mas sem propriamente pertencer a eles. Por conseguinte, desde a juventude, sentem-se como seres sensivelmente diversos dos demais, embora só com o passar dos anos cheguem gradualmente ao reconhecimento dessa diferença. Isso faz com que se preocupem em acrescentar à distância intelectual o afastamento físico dos demais, e não permitam a ninguém aproximar-se de sua pessoa, a não ser que seja mais ou menos alguém eximido da vulgaridade geral.

De tudo isso, resulta que o amor à solidão não surge diretamente e como instinto primitivo, mas desenvolve-se indireta e gradualmente, sobretudo nos espíritos nobres, não sem ter de superar o instinto natural de sociabilidade e até mesmo de se opor, eventualmente, a alguma sugestão mefistofélica:

CESSA DE BRINCAR COM A TUA MÁGOA,
QUE, COMO UM ABUTRE, TE DEVORA A VIDA:
A PIOR DAS COMPANHIAS TE FAZ SENTIR
QUE ÉS UM HOMEM ENTRE HOMENS.

(*Fausto I*, 1635-8)

A solidão é o destino dos espíritos eminentes. Às vezes, haverão de lamentá-la, porém, sempre a escolherão como o menor de dois males. Com o avanço da idade, o *sapere aude* [ousa saber] (Horácio, *Epíst.*, I, 2) torna-se, a este respeito, cada vez mais fácil e natural e, na altura dos sessenta anos, o impulso para a solidão segue, de fato, a natureza e até mesmo o instinto, pois agora tudo se conjuga para favorecê-lo. A mais forte pressão para a sociabilidade, o amor às mulheres e o impulso sexual não fazem mais efeito; a ausência de sexualidade na velhice fundamenta uma certa autossuficiência, que gradualmente absorve todo o instinto de sociabilidade. Regressa-se de mil ilusões e loucuras; a vida ativa está quase terminada; nada mais se espera, não se tem mais planos nem intenções; a geração à qual propriamente se pertence não existe mais; cercado por um gênero estranho, o idoso encontra-se só, objetiva e essencialmente. Além disso, o voo do tempo acelerou-se, e deseja-se ainda utilizá-lo intelectualmente. Ora, se a cabeça conservou a sua força, então os muitos conhecimentos e experiências adquiridos, a aperfeiçoada elaboração progressiva dos pensamentos e a grande habilidade no exercício das faculdades tornam o estudo de todo tipo mais interessante e mais fácil do que nunca. Veem-se agora de modo claro milhares de coisas que outrora ainda estavam envoltas em névoa; chega-se a resultados e sente-se inteiramente a própria superioridade. Por conta da longa experiência, deixou-se de esperar muito das pessoas, pois, tomadas em conjunto, não se ganha nada ao conhecê-las mais de perto. Antes, sabe-se que, salvo raras exceções felizes, nada mais se encontrará entre elas a não ser exemplares bastante defeituosos da natureza humana, nos quais é melhor nem tocar. Por conseguinte, não mais se está exposto às ilusões comuns, percebendo-se rapidamente o que cada pessoa é; com isso, raramente se sente o desejo de travar uma relação mais próxima com ela. Por fim, sobretudo se reconhecemos que a solidão foi uma amiga da juventude, sobrevém-nos também o hábito do isolamento e do convívio consigo mesmo, que se tornam uma segunda natureza. Assim, o amor à solidão, que outrora tinha primeiro de ser arrancado do impulso de sociabilidade, desta vez é totalmente natural e simples. Podemos nos sentir tão bem na solidão como um peixe na água. Em vista disso, cada individualidade meritória, portanto, diferente das demais e solitária, sente-se, pelo isolamento que lhe é essencial, oprimida na juventude, mas aliviada na velhice.

Certamente, todo indivíduo possuirá esse mérito real da idade avançada apenas na extensão de suas faculdades intelectuais; portanto, é a cabeça eminente que o alcançará em primeiro lugar, entretanto, em grau menor, qualquer um pode ter o mesmo êxito. Só naturezas bem precárias e bem comuns ainda serão, como outrora, sociáveis na velhice. Mas são um fardo para a sociedade, na qual não cabem mais; são, no máximo, toleradas, enquanto antes eram procuradas.

Dessa proporção inversa entre o número dos anos de vida e o grau de nossa sociabilidade, pode-se também inferir um aspecto teleológico. Quanto mais jovem é o homem, tanto mais tem de aprender em todos os sentidos. Ora, a natureza remeteu-o ao aprendizado mútuo, que cada um recebe no relacionamento com os seus semelhantes, e em relação ao qual a sociedade humana pode ser denominada um grande estabelecimento de educação bell-lancasteriano, já que os livros e as escolas são instituições artificiais, afastadas do plano da natureza. É, portanto, bem apropriado que o homem frequente aquela instituição educativa natural, e tanto mais assiduamente quanto mais jovem for.

*Nihil est ab omni parte beatum* [Nada é perfeito em todos os aspectos], diz Horácio (*Odes*, II, 16), e um provérbio indiano reza: "Não há lótus sem haste." Assim, também a solidão, ao lado das tantas vantagens, tem suas pequenas desvantagens e inconvenientes, mas que, em comparação com os da sociedade, são mínimos. Logo, quem possui algo de valioso em si mesmo achará sempre mais fácil levar a vida sem os homens do que com eles. Dentre as desvantagens, há uma que não se apresenta tão facilmente à consciência como as outras, a saber: assim como a permanência prolongada em casa torna o nosso corpo mais sensível aos influxos externos, a ponto de qualquer correntezinha de ar fresco o afetar com alguma doença, o retraimento prolongado e a solidão deixam o nosso ânimo tão sensível, que nos sentimos incomodados, afligidos ou feridos por quaisquer acontecimentos insignificantes, palavras ou mesmo simples gestos; enquanto quem vive no tumulto do mundo nem chega a percebê-los.

 Quem, entretanto, sobretudo nos anos de juventude, foi conduzido à solidão em virtude de um legítimo desgosto com os homens e, no entanto, não suporta o ermo por muito tempo, a este aconselho que se habitue a levar para as reuniões sociais uma parte de sua solidão, que aprenda, mesmo em companhia, a estar sozinho em certo grau, logo, a não comunicar de imediato o que pensa. Por outro lado, que não leve muito a sério o que os homens dizem e, antes de mais nada, que não espere muito deles, tanto em termos morais quanto intelectuais. Que fortifique em si certa indiferença em relação às opiniões alheias, meio dos mais seguros para sempre praticar uma tolerância louvável. Desse modo, embora conviva com as pessoas, não estará por inteiro em sua companhia, mas se relacionará com elas de uma maneira mais puramente objetiva, protegendo-se, assim, contra um contato muito íntimo com a sociedade, portanto, contra cada contaminação ou ferimento. Possuímos uma descrição dramática, digna de leitura, dessa sociabilidade restrita ou entrincheirada, na comédia *El café o sea la comedia nueva*, de Moratin, em especial no caráter de D. Pedro, na segunda e na terceira cenas do primeiro ato. Nesse sentido, pode-se também comparar a sociedade a um fogo, no qual o indivíduo inteligente se aquece a uma distância apropriada, e não como o insensato que mete as mãos dentro dele e, após ter-se queimado, foge para o frio da solidão, lamentando-se de que o fogo queima.

## A inveja é natural ao homem.

No entanto, ela é, ao mesmo tempo, um vício e uma desgraça. Devemos, pois, considerá-la uma inimiga de nossa felicidade e procurar sufocá-la como um demônio maligno. Sêneca nos instrui nesse sentido com as belas palavras: *Nostra nos sine comparatione delectent: nunquam erit felix quem torquebit felicior* [Alegremo-nos com nossa condição sem nos compararmos aos demais; nunca haverá felicidade para aquele que se atormenta com a felicidade alheia] (*De Ira,* III, 30), e ainda: *Quum adspexeris quot te antecedant, cogita quot sequantur* [Em vez de olhar os muitos que estão acima de ti, imagina quantos estão abaixo) (*Ep.,* 15). Devemos, portanto, considerar mais frequentemente as pessoas cujo estado é pior do que o nosso, e não as que aparentam estar melhor. Mesmo quando males reais nos atingem, o consolo mais efetivo, embora jorre da mesma fonte da inveja, é a consideração de padecimentos que são ainda maiores do que os nossos, bem como o convívio com pessoas cuja condição é a mesma, ou seja, com os *sociis malorum* [companheiros de infortúnio].

É o suficiente quanto ao lado ativo da inveja. Quanto ao passivo, devemos ter em mente que nenhum ódio é tão implacável quanto a inveja; logo, não deveríamos nos empenhar continuamente e com tanto zelo em estimulá-la; antes, faríamos melhor em renunciar a esse prazer, como a muitos outros, por conta de suas consequências funestas.

Há *três aristocracias*: 1) a de nascimento e posição, 2) a do dinheiro e 3) a espiritual. Esta última é propriamente a mais distinta, o que faz com que seja reconhecida, basta dar-lhe tempo. Frederico, o Grande, já dissera: *Les âmes privilégiées rangent à l'égal des souverains* [As almas privilegiadas estão no mesmo nível dos soberanos]. E isso ao seu marechal de corte, chocado com o fato de que, enquanto ministros e generais se sentavam em volta da mesa do marechal, Voltaire era convidado a tomar lugar àquela reservada aos monarcas e príncipes. Cada uma das três aristocracias mencionadas está cercada por uma legião de invejosos, secretamente revoltados contra cada um de seus membros, e empenhados, caso não tenham nada a temer, em dar-lhe a entender de mil maneiras: "Tu não és nada a mais do que nós!" Mas justamente esses esforços traem sua convicção contrária. A conduta a ser adotada pelas pessoas expostas à inveja consiste em manter a distância todos os membros desse bando de invejosos e evitar ao máximo qualquer contato com eles, de modo a ficarem separados por um amplo abismo. Se isso não for possível, deve-se suportar com grande calma as investidas da inveja, cuja fonte acaba se neutralizando. De resto, também vemos esse método constantemente ser aplicado. Por outro lado, os membros de cada uma das aristocracias dar-se-ão quase sempre bem, e sem inveja, com os membros das outras duas. Isso porque cada um pesa os próprios méritos em contraposição aos dos outros.

É preciso elaborar um projeto repetidamente
e com maturidade antes de executá-lo. E, mesmo depois
de ter-se observado tudo minuciosamente, deve-se ainda levar em conta a insuficiência de todo conhecimento
humano, em virtude da qual pode haver sempre circunstâncias impossíveis de perscrutar ou prever que podem
tornar incerto todo o cálculo. Essa reflexão sempre colocará um peso no prato negativo da balança e nos aconselhará, em coisas importantes, a não mover nada sem
necessidade: *Quieta non movere* [Não mover o que está em
repouso]. Mas, uma vez tomada a decisão e as mãos postas à obra, de modo que tudo possa seguir o seu curso
e apenas o resultado deva ser esperado, não nos angustiemos pela reflexão sempre renovada sobre o que já foi
feito ou pelas dúvidas repetidas sobre o possível perigo.
Deve-se, antes, descarregar a mente desse assunto e manter inteiramente fechado todo o compartimento do pen-

Porque as pessoas, via de regra, são insolventes, isto é, nada há em seu convívio que indenize o tédio, as fadigas e incômodos que provocam.

samento, tranquilizando-se com a convicção de que tudo foi maduramente considerado a seu tempo. É um conselho também dado pelo provérbio italiano: *Legala bene, e poi lascia la andare*, que Goethe assim traduz: *Du, sattle gut und reite getrost* [Sela bem e cavalga sem medo] (aliás, diga-se de passagem, grande parte de suas gnomas, dadas sob a rubrica "proverbiais", são provérbios traduzidos do italiano). Contudo, se o resultado é ruim, é porque todos os empreendimentos humanos estão sujeitos ao acaso e ao erro. Sócrates, o mais sábio dos homens, precisava de um *demônio* tutelar para fazer a coisa certa em seus assuntos pessoais ou, pelo menos, para evitar o passo em falso, o que prova a insuficiência de qualquer intelecto em vista de semelhante propósito. Por conseguinte, a sentença, atribuída a um papa, de que nós mesmos, pelo menos em algum aspecto, somos os culpados por todas as nossas infelicidades, não é verdadeira incondicionalmente e em todos os casos, embora o seja na maioria. Esse sentimento parece até fazer com que as pessoas escondam suas infelicidades o máximo possível e procurem, até onde conseguirem, mostrar um semblante contente. Receiam que se conclua sua culpa a partir dos seus sofrimentos.

# Diante de um evento infeliz,

já ocorrido, e que por isso não pode mais ser alterado, não se deve permitir pensar uma vez sequer que ele poderia ter sido diferente, muito menos tentar imaginar quais meios poderiam tê-lo evitado, pois esse pensamento intensifica a dor até o insuportável, tornando a pessoa um *punidor de si mesmo*. Antes, faça-se como o rei Davi, que, enquanto o filho estava doente, assediava incessantemente Jeová com preces e súplicas, mas, quando este morreu, cruzou as mãos e não mais pensou no caso. Quem não for de sensibilidade tão leve para se comportar assim, deve refugiar-se no ponto de vista fatalista e reconhecer a grande verdade de que tudo o que acontece, acontece necessariamente; vale dizer, é inevitável.

Contudo, essa regra é unilateral. Em casos de infortúnio, ela serve para o nosso alívio imediato e nossa tranquilização, mas se a culpa, como se dá na maioria das vezes, provier, pelo menos em parte, da nossa própria negligência ou ousadia, então a ponderação repetida e dolorosa de como se poderia ter impedido a infelicidade é uma autoexpiação salutar para nossa experiência e melhoria e, assim, para o futuro. Não devemos, como de costume, procurar desculpas, atenuar ou diminuir erros que foram manifestamente cometidos por nós, mas confessá-los e trazê-los, na sua grandeza, nitidamente diante dos olhos, a fim de poder tomar a decisão firme de evitá-los no futuro. É certo que, nesse caso, acaba-se por provocar a grande dor da insatisfação consigo mesmo, mas *ninguém é educado sem castigo*.

# Devemos tomar as rédeas à fantasia
em tudo o que concerne ao nosso conforto e desconforto. Logo, antes de mais nada, não devemos construir castelos no ar, porque estes são muito caros, já que imediatamente depois temos de demoli-los com suspiros. Devemos guardar-nos mais ainda de angustiar o coração imaginando desgraças apenas possíveis. Se estas fossem infundadas por completo ou pelo menos pouco convincentes, então saberíamos de imediato, ao despertar do sonho, que tudo não passou de ilusão; por conseguinte, nos alegraríamos tanto mais com a realidade melhor e tomaríamos talvez como lição uma advertência contra desgraças futuras bastante longínquas, mas possíveis. No entanto, nossa fantasia não joga fácil com tais representações. Por puro prazer, ela só constrói castelos no ar. O material para seus sonhos sombrios são desgraças que, mesmo distantes, ameaçam-nos efetivamente em certa medida.

A fantasia as amplifica, traz sua possibilidade para bem mais perto do que em verdade estão e pinta-as com as mais terríveis cores. Ao acordar, não podemos de imediato nos livrar dessa espécie de sonho, como fazemos com os agradáveis. Estes últimos são logo desmentidos pela realidade, que lhes permite no máximo uma esperança tênue de concretização. Porém, quando nos abandonamos às fantasias negras (*blue devils*), estas trazem imagens para perto de nós que não se afastam com facilidade. A possibilidade do evento, em geral, é estabelecida sem que estejamos sempre em condições de estimar o seu grau. Ora, tal possibilidade transforma-se facilmente em verossimilhança, fazendo com que nós mesmos nos entreguemos às mãos da angústia. Por isso, devemos considerar as coisas concernentes ao nosso conforto e desconforto só com os olhos da razão e do juízo, consequentemente, com ponderação fria e seca, operando com meros conceitos e *in abstracto*. A fantasia deve ficar fora de jogo, pois não sabe julgar; ao contrário, só apresenta imagens aos olhos que agitam a alma de modo desnecessário e amiúde penoso. Essa regra deveria ser observada com mais rigor à noite. Pois, assim como a escuridão nos torna temerosos e nos faz ver figuras apavorantes por toda parte, assim também a falta de clareza dos pensamentos provoca um efeito análogo, já que toda incerteza gera insegurança. Portanto, à noite, quando a fadiga envolveu tanto o entendimento quanto a razão com uma escuridão subjetiva, e o intelecto está cansado e *confuso*, sem forças para examinar as coisas a fundo, os objetos de nossa reflexão, caso digam respeito aos nossos interesses pessoais, assumem facilmente um aspecto ameaçador e tornam-se imagens apavorantes. É o que ocorre com frequência, à noite, na cama, quando o espírito está completamente relaxado e o juízo não desempenha mais a sua função, porém a fantasia ainda está ativa. Dessa maneira, a noite confere a tudo e a todos sua cor negra. Como consequência, antes de dormirmos, ou ao acordarmos de madrugada, os nossos pensamentos são, na maioria das vezes, deformações malignas e perversões das coisas, como nos sonhos. Se dizem respeito aos nossos assuntos pessoais, em geral parecem horrendos e até azarentos. Pela manhã, tais imagens apavorantes desaparecem, como os sonhos. É o significado do provérbio espanhol: *Noche tinta, blanco el dia* [Noite colorida, branco o dia]. Mas já no final da tarde, quando se acendem as velas, o entendimento, como os olhos, não vê com tanta nitidez como durante o dia. Eis por que esse período de tempo não é apropriado para a meditação de temas sérios e sobretudo desagradáveis. A manhã, sim, é o período correto. Manhã que, em geral, é adequada para todas as realizações, sem exceção, sejam as espirituais ou corporais. Em verdade, a manhã é a juventude do dia. Nela, tudo é jovial, fresco e leve: sentimo-nos fortes e temos todas as nossas capacidades à inteira disposição. Não devemos abreviá-la levantando-nos tarde, nem gastá-la em ocupações ou conversas indignas, mas considerá-la a quintessência da vida e, em certa medida, sagrada. Por outro lado, a noite é a velhice do dia: à noite ficamos abatidos, faladores e levianos. Todo dia é uma pequena vida: o acordar é o nascimento, concluído pelo sono como morte. Assim, o adormecer é uma morte diária e cada acordar é um novo nascimento. Para ser completo, poder-se-ia comparar o desconforto e a dificuldade de levantar com as dores do parto. De modo geral, o estado de saúde, o sono, a alimentação, a temperatura, as condições climáticas, o ambiente e muitas outras circunstâncias exteriores exercem uma influência poderosa sobre a nossa disposição, e esta sobre os nossos pensamentos. Como conseqüência, nossa visão de uma questão qualquer, bem como nossa capacidade de produzir alguma coisa estão intensamente submetidas ao tempo e mesmo ao lugar. Portanto:

Aproveita a disposição verdadeira,
Pois ela chega raramente.

Goethe ("Generalbeichte") ["Confissão geral"]

Não é apenas em relação às concepções objetivas e aos pensamentos originais que temos de esperar se lhes agrada vir e quando. Mesmo a ponderação profunda de uma questão pessoal nem sempre dá seus resultados no tempo que estabelecemos com antecedência e para o qual nos preparamos. Ao contrário, a ponderação profunda também escolhe o seu tempo, e então a sequência dos pensamentos que se ajusta a ela se desenvolve espontaneamente e nós a seguimos com inteira atenção.

Para tomar as rédeas à fantasia, como recomendado acima, também é preciso impedir que ela evoque e ilustre as injustiças outrora sofridas, bem como os danos, as perdas, as injúrias, as preterições, as humilhações e coisas semelhantes. Do contrário, excitamos novamente a indignação, a cólera e todas as paixões odiáveis, há muito tempo adormecidas, que contaminam nossa alma. Pois, segundo uma bela comparação do neoplatônico Proclo, assim como em cada cidade, ao lado dos nobres e distintos, mora também o populacho de todo tipo, também em cada homem, mesmo o mais nobre e mais sublime, existem, segundo a sua disposição, os elementos mais diminutos e comuns da natureza humana e mesmo animal. Esse populacho não deve ser excitado ao tumulto, nem deve ter a permissão de olhar pela janela, pois sua aparência é deveras feia. Ora, esses produtos da fantasia que acabamos de descrever são os demagogos desse populacho. Além disso, a menor contrariedade, advinda seja dos homens ou das coisas, se for constantemente cogitada e repintada com cores vivas e segundo uma escala ampliada, pode transformar-se num monstro que nos coloca fora de controle. Devemos, antes, encarar de maneira bem prosaica e sóbria tudo o que for desagradável, para assim aceitarmos o que nos couber da maneira mais fácil possível.

Do mesmo modo como os objetos pequenos, mantidos na proximidade dos olhos, limitam o nosso campo de visão, encobrindo o mundo, também os homens e as coisas da *nossa vizinhança mais imediata*, por mais insignificantes e indiferentes que sejam, ocuparão com frequência a nossa atenção e nossos pensamentos para além do necessário, e muitas vezes de modo desagradável, reprimindo pensamentos e questões importantes. É preciso reagir contra isso.

Ao depararmos com algo que não possuímos, dizemos de imediato e com facilidade: "Ah, como seria se fosse meu?", e esse pensamento torna sensível a nossa carência. Em vez disso, deveríamos perguntar com mais frequência: "Ah, como seria se *não* fosse meu?" Quero dizer, deveríamos às vezes nos esforçar para ver os bens que possuímos como eles nos apareceriam, caso os perdêssemos. E falo de qualquer bem, não importa qual: propriedade, saúde, amigos, amante, mulher, filho, cavalo e cachorro, pois, na maioria das vezes, só a perda nos ensina o valor das coisas. Ao contrário, se as considerarmos da maneira como foi aqui recomendada, o primeiro resultado será alegrarmo-nos muito mais imediatamente com a sua posse do que antes; o segundo será fazermos de tudo para prevenir a sua perda, portanto, não colocando em perigo a propriedade, não encolerizando os amigos, não expondo à tentação a fidelidade da mulher, cuidando da saúde dos filhos, e assim por diante. Amiúde procuramos clarear as sombras do presente mediante a especulação sobre as possibilidades favoráveis e inventamos várias esperanças quiméricas, todas prenhes de decepções que não deixam de aparecer quando as esperanças se espatifam contra a dura realidade. Melhor seria se fizéssemos das muitas más possibilidades o tema de nossa especulação. Com isso, em parte tomaríamos precauções contra elas, em parte nos permitiríamos surpresas agradáveis se elas não se efetivassem. Não é verdade que ficamos visivelmente mais joviais após termos passado por algum medo? Sim, de vez em quando é até mesmo bom trazer ao presente grandes desgraças que eventualmente poderiam nos sobrevir, a fim de suportarmos facilmente as pequenas quando de fato chegarem. Assim fazendo, consolamo-nos com o olhar retrospectivo sobre as grandes desgraças não acontecidas. Ao considerar essa regra, porém, não devemos negligenciar a precedente.

# Os casos e acontecimentos

que nos dizem respeito aparecem e se entrecruzam isoladamente, sem ordem nem relação uns com os outros, no mais vivo contraste e sem nada em comum, a não ser justamente o fato de se relacionarem conosco. Dessa maneira, para corresponder a esses casos e acontecimentos, nossos pensamentos e cuidados têm igualmente de estar desligados uns dos outros. Como consequência, quando empreendemos algo, temos de abstrair-nos de todo o resto, para então tratar cada coisa a seu tempo, fruí-la e senti-la, sem demais preocupações. Precisamos ter, por assim dizer, compartimentos para os nossos pensamentos e abrir apenas um deles, enquanto os outros permanecem fechados. Desse modo, conseguimos impedir que uma preocupação muito grave roube cada pequeno prazer do presente, despojando-nos de toda tranquilidade. Conseguimos ainda fazer com que uma ponderação não

O que torna os indivíduos comuns tão sociáveis e acomodáveis: para eles, é mais fácil suportar os outros do que a eles mesmos.

reprima a outra, que a preocupação com um caso importante não produza a negligência dos muitos de menor relevância, e assim por diante. Mas sobretudo o homem capaz de considerações elevadas e nobres nunca deve deixar seu espírito ser totalmente possuído e absorvido por casos pessoais e preocupações triviais, a ponto de impedir o acesso às altas considerações, pois isso, de fato, faria valer a sentença *propter vitam vivendi perdere causas* [para viver, perder as causas da vida] (Juvenal, *Sát.*, 8, 84). Decerto, para conseguirmos realizar essas manobras e contramanobras espirituais, bem como muitas outras coisas, precisamos impor uma coerção a nós mesmos. Para isso, entretanto, devemos fortalecer-nos com a ponderação de que todo homem tem de sofrer coerções numerosas e grandes, vindas do mundo exterior, das quais nenhuma vida se exime. Contudo, uma pequena autocoerção, aplicada no lugar correto, previne depois muitas coerções do exterior, assim como um pequeno recorte no círculo próximo ao centro corresponde a um outro cem vezes maior na periferia. Nada nos subtrai mais à coerção vinda do exterior do que a autocoerção. É o que diz a sentença de Sêneca: *Si tibi vis omnia subjicere, te subjice rationi* [Se queres submeter tudo a ti mesmo, submete-te primeiro à razão] (*Ep.*, 37). Além disso, temos sempre essa autocoerção em nosso poder e podemos relaxá-la um pouco em casos extremos ou quando atingir o nosso ponto mais sensível; já a coerção que vem de fora, ao contrário, não tem consideração nem indulgência e é insensível. Assim, é sábio prevenir esta por meio daquela.

Limitar nossos desejos, refrear nossa cobiça, domar nossa cólera, tendo sempre em mente que só podemos alcançar uma parte infinitamente pequena das coisas desejáveis, enquanto males múltiplos têm de ferir-nos; numa palavra: *abstinere et sustinere* [abster-se e suportar] (Epicteto) é uma regra que, caso não seja observada, nem riqueza nem poder podem impedir que nos sintamos miseráveis. A esse propósito, diz Horácio:

> Em todos os teus atos, lê e pergunta aos doutos
> Procurando assim conduzir serenamente tua vida;
> Que não sejas atormentado pela cobiça sempre
>   insaciável,
> Nem pelo temor e pela esperança de bens de pouca
>   utilidade.
>
> *(Epístolas 1,* 18, 95-99)

Não devemos, como de costume, procurar desculpas, atenuar ou diminuir erros que foram manifestamente cometidos por nós, mas confessá-los e trazê-los, na sua grandeza, nitidamente diante dos olhos.

# Vita motu constat

[A vida consiste em movimento], diz Aristóteles, com manifesta justeza. Assim como nossa vida física consiste apenas em movimento incessante e só persiste por meio dele, também nossa vida interior e intelectual requer ocupação contínua, com qualquer coisa, pela ação ou pelo pensamento. É o que prova a mania de algumas pessoas desocupadas e sem ter em que pensar, que logo passam a tamborilar com os dedos ou qualquer objeto. Nossa existência é essencialmente irrequieta, de modo que a inatividade completa se torna logo insuportável, porque conduz ao tédio mais horrendo. Deve-se então regular esse impulso com o intuito de satisfazê-lo metodicamente e da melhor maneira possível. Assim, a atividade, a prática e a execução de algo que permita pelo menos aprender é indispensável à felicidade do homem, pois suas forças requerem emprego, e ele mesmo gostaria de observar algum resultado. A esse propósito, no entanto, a grande satisfação é obtida em *fazer*, em confeccionar, seja um cesto ou um livro. Mas o que proporciona a felicidade imediata é poder ver, dia após dia, uma obra crescer pelas próprias mãos, até finalmente alcançar a perfeição. É o caso de uma obra de arte, de um texto ou mesmo de um mero trabalho manual; é claro, quanto mais nobre a obra, maior o prazer. Desse ponto de vista, mais felizes são os indivíduos altamente dotados, conscientes de sua capacidade de produzir obras significativas, grandiosas e coerentes. Isso estende por toda a sua existência um interesse de tipo superior, comunicando-lhe um sabor ausente nas demais, que, em comparação com as primeiras, são insípidas. Para tais indivíduos eminentes, a vida e o mundo possuem, ao lado de todo interesse material comum, ainda um outro mais elevado, a saber, o formal, na medida em que contém a matéria-prima das suas obras; matéria-prima cuja colheita os torna zelosamente ocupados durante toda a vida, pressupondo-se que as carências pessoais lhes concedam tempo para respirar. Também o seu intelecto é, em certa medida, duplo: uma parte é destinada às relações ordinárias (interesses da vontade), sendo nisso semelhantes a qualquer outra pessoa; outra parte é destinada à pura concepção objetiva das coisas. Desse modo, vivem uma vida dupla: são espectadores e atores ao mesmo tempo, enquanto os demais são apenas atores. Entretanto, toda pessoa deve praticar algo na medida de suas capacidades. Notamos o efeito pernicioso da ausência de atividade regular, de qualquer tipo de trabalho, quando, nas longas viagens de diversão, sentimo-nos de tempos em tempos infelizes, visto que, sem ocupação propriamente dita, somos como que arrancados do nosso elemento natural. Esforço e luta contra as adversidades é uma necessidade para o homem, assim como cavar o é para a toupeira. A imobilidade que resultasse da satisfação total de um gozo constante lhe seria insuportável. Ultrapassar obstáculos é o prazer pleno de sua existência, sejam eles de tipo material, como nas ações e nos exercícios, sejam de tipo espiritual, como nos estudos e nas investigações. A luta contra as adversidades e a vitória tornam o homem feliz. Se faltar-lhe oportunidade, irá criá-la como puder. De acordo com sua individualidade, caçará, jogará bilboquê, ou, conduzido por um pendor inconsciente de sua natureza, procurará querelas, urdirá intrigas, ou maquinará fraudes e mil malefícios, apenas para pôr fim ao seu insuportável estado de repouso. *Difficilis in otio quies* [A tranquilidade é difícil no ócio].

Abster-se a suportar (*epéchein*) é uma regra que, caso não seja observada, nem riqueza nem poder podem impedir que nos sintamos miseráveis.

# Devemos tomar como guias

de nossas considerações não *as imagens da fantasia*, mas sim *conceitos* claramente pensados. Na maioria das vezes, entretanto, ocorre o contrário. Mediante uma investigação mais minuciosa, descobriremos que, em última instância, o que decide as nossas resoluções não são, na maioria das vezes, os conceitos e juízos, mas uma imagem fantasiosa que representa e substitui uma das alternativas. Não sei mais em qual romance de Voltaire, ou Diderot, a virtude sempre se apresentava ao herói, colocado como jovem Hércules numa encruzilhada, na figura de seu velho preceptor portando na mão esquerda a tabaqueira, na direita uma pitada de tabaco, e assim moralizando; o vício, ao contrário, apresentava-se na figura da jovem camareira de sua mãe. Em especial na juventude, a meta de nossa felicidade se fixa na forma de algumas imagens que pairam diante de nós e amiúde persistem pela metade da vida, ou até mesmo por toda ela. São verdadeiros fantasmas provocadores: se alcançados, esvaecem-se, e a experiência nos ensina que nada realizam do outrora prometido. Desse gênero são algumas cenas da vida doméstica, civil, social, campestre; as imagens de nossa casa e de nossas cercanias, as insígnias honoríficas, os testemunhos de honra etc. etc.; *chaque fou a sa marotte* [cada louco com sua mania]. Também a imagem da amada pertence frequentes vezes a tal gênero. É bem natural que assim se passe, pois, por ser imediato, o que é intuitivo faz efeito mais direto sobre a nossa vontade do que o conceito, o pensamento abstrato, que fornece apenas o universal sem o particular. É justamente este último que contém a realidade: ele só pode agir indiretamente sobre a nossa vontade. E, no entanto, só o conceito mantém a palavra: portanto, é índice de formação cultural confiar apenas nele. Decerto, por vezes precisará de elucidação e paráfrase mediante certas imagens, mas *cum grano salis* [com a devida limitação].

Mas o que proporciona a felicidade imediata é poder ver, dia após dia, uma obra crescer pelas próprias mãos, até finalmente alcançar a perfeição.

# A regra precedente

deixa-se subsumir à mais geral de que sempre devemos dominar nossa impressão daquilo que é presente e intuitivo. Tal impressão, comparada ao mero pensamento e ao mero conhecimento, é incomparavelmente mais forte; não devido à sua matéria e ao seu conteúdo, amiúde bastante limitados, mas à sua forma, ou seja, à sua clareza e ao seu imediatismo, que penetram na mente e perturbam sua tranquilidade ou atrapalham seus propósitos. Pois o que é presente e intuitivo, enquanto facilmente apreensível pelo olhar, faz efeito sempre de um só golpe e com todo o seu vigor. Ao contrário, pensamentos e razões requerem tempo e tranquilidade para serem meditados parte por parte; logo, não se pode tê-los a todo momento e integralmente diante de nós. Em virtude disso, deve-se notar que a visão de uma coisa agradável, à qual renunciamos pela ponderação, ainda nos atrai. Do mesmo modo, somos feridos por um juízo cuja inteira incompetência conhecemos; somos irritados por uma ofensa de caráter reconhecidamente desprezível; e, do mesmo modo, dez razões contra a existência de um perigo caem por terra perante a falsa aparência de sua presença real, e assim por diante. Em tudo se faz valer a irracionalidade originária do nosso ser. As mulheres estão com frequência sujeitas a essas impressões, e poucos homens possuem uma preponderância da faculdade racional capaz de isentá-los de sofrer os mesmos efeitos. Ora, se não podemos dominar totalmente essas impressões apenas com o pensamento, então o melhor é neutralizar uma impressão com outra contrária; por exemplo, neutralizar a impressão de uma ofensa, visitando pessoas que nos estimam; a impressão de um perigo ameaçador, considerando de fato os meios próprios para evitá-lo. Aquele italiano mencionado por Leibnitz (nos *Nouveaux essais*, Livro I, c. 2, § 11) pôde até mesmo resistir às dores da tortura; para tanto, decidiu impor à sua fantasia não perder de vista nem um instante sequer a imagem da forca, à qual seria conduzido caso efetuasse uma confissão. Por isso, de tempos em tempos gritava: *Io ti vedo* [Eu te vejo], palavras que ele depois explicara nessa acepção. Devido ao mesmo motivo aqui considerado, quando todos ao nosso redor são de opinião contrária e se comportam de acordo com ela, é muito difícil não ficarmos inseguros da nossa própria opinião, embora estejamos convencidos do erro dos outros. Para um rei fugitivo, perseguido e que viaja de fato *incognito*, o cerimonial de subordinação de seu acompanhante de confiança, observado apenas por ambos, tem de ser um tônico quase indispensável para o rei não acabar duvidando de si mesmo.

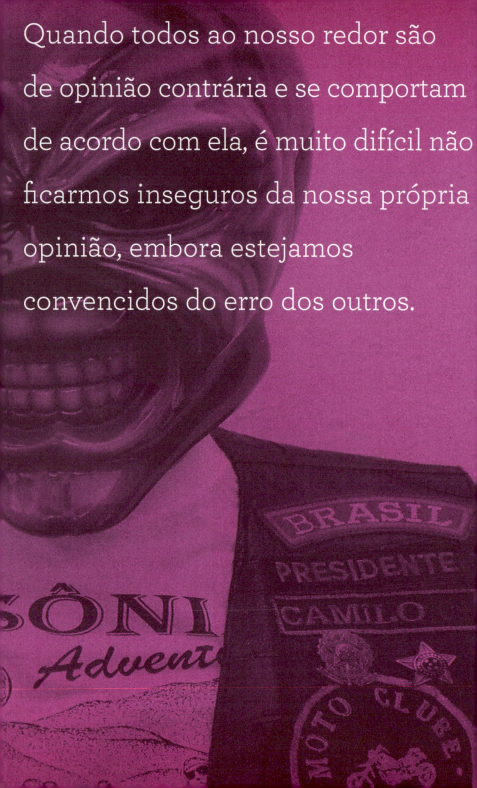

Quando todos ao nosso redor são de opinião contrária e se comportam de acordo com ela, é muito difícil não ficarmos inseguros da nossa própria opinião, embora estejamos convencidos do erro dos outros.